BEI GRIN MACHT SICH IHR WISSEN BEZAHLT

AF151999

- Wir veröffentlichen Ihre Hausarbeit,
  Bachelor- und Masterarbeit

- Ihr eigenes eBook und Buch -
  weltweit in allen wichtigen Shops

- Verdienen Sie an jedem Verkauf

Jetzt bei www.GRIN.com hochladen
und kostenlos publizieren

Maurice Bode, Tillmann Tschiesche, Franziska Rambow

Untersuchung abiotischer Faktoren eines Ökosystems und Darstellung der Zusammenhänge zwischen abiotischen und biotischen Faktoren

GRIN Verlag

Bibliografische Information der Deutschen Nationalbibliothek:

Die Deutsche Bibliothek verzeichnet diese Publikation in der Deutschen National-bibliografie; detaillierte bibliografische Daten sind im Internet über http://dnb.d-nb.de/ abrufbar.

Impressum:

Copyright © 2014 GRIN Verlag GmbH
Druck und Bindung: Books on Demand GmbH, Norderstedt Germany
ISBN: 978-3-656-92012-0

Dieses Buch bei GRIN:

http://www.grin.com/de/e-book/294309/untersuchung-abiotischer-faktoren-eines-oekosystems-und-darstellung-der

GRIN - Your knowledge has value

Der GRIN Verlag publiziert seit 1998 wissenschaftliche Arbeiten von Studenten, Hochschullehrern und anderen Akademikern als eBook und gedrucktes Buch. Die Verlagswebsite www.grin.com ist die ideale Plattform zur Veröffentlichung von Hausarbeiten, Abschlussarbeiten, wissenschaftlichen Aufsätzen, Dissertationen und Fachbüchern.

Besuchen Sie uns im Internet:

http://www.grin.com/

http://www.facebook.com/grincom

http://www.twitter.com/grin_com

Privates Internatsgymnasium Schloss Torgelow am See

Schlossallee 1

17192 Torgelow am See

Projektarbeit

im

Fach Biologie

Klassenstufe 12

Schuljahr 2014/2015

Untersuchung abiotischer Faktoren eines Ökosystems und Darstellung der Zusammenhänge zwischen abiotischen und biotischen Faktoren

Franziska Rambow

Maurice Bode

Tillmann Tschiesche

September 2014

Inhaltsverzeichnis

1 Einleitung 3

2 Allgemeines zum gewählten Ökosystem 3

   2.1 Standort 3

   2.2 Vorkommende Tiere 4

   2.3 Vorkommende Pflanzen 10

3 Bestimmung abiotischer Faktoren 13

   3.1 Boden..13

      3.1.1 Humusgehalt des Bodens 14

      3.1.2 pH-Wert 16

      3.1.3 Stabilität der Bodenkrümel gegenüber Wasser 19

      3.1.4 Huminstoffe 21

      3.1.5 Kalkgehalt 24

      3.1.6 Stickstoffgehalt (Nitrat, Nitrit, Ammonium) 25

      3.1.7 Absorption von Methylblau durch den Boden..27

   3.2 Licht 28

   3.3 Wasser 29

   3.4 Wind 30

   3.5 Temperatur 31

   3.6 Anthropogene Einflüsse 33

4 Allgemeines Fazit..36

5 Anhang...37

   5.1 Quellenverzeichnis 37

   5.2 Abbildungsverzeichnis..38

1 Einleitung

Im Rahmen des Biologieunterrichts der Kursstufe 2 führten wir dem Unterrichtsstoff entsprechend ein Schülerpraktikum durch. Der Bearbeitungs- und Protokollierungszeitraum umfasste mehrere Wochen, wovon 3 Wochen dem Untersuchen und Experimentieren galten.

In dieser Projektarbeit zur Untersuchung eines biologischen Ökosystems richteten wir unseren Fokus auf abiotische Faktoren und deren Zusammenhänge in diesem System mit biotischen Faktoren. Bei der Analyse konzentrierten wir uns, wie in der Aufgabenstellung verlangt, zunächst auf die Bestimmung aller in diesem Ökosystem lebenden Organismen, welche für uns ersichtlich waren, um so später im Laufe des Protokollierens Zusammenhänge darstellen zu können. Des Weiteren beschäftigten wir uns mit der genaueren Bestimmung von unterschiedlichen Bodenproben; dabei nahmen wir den Humusgehalt, den pH-Wert, die Stabilität der Bodenkrümel gegenüber Wasser, die Huminstoffe sowie den Kalk- und Stickstoffgehalt, aber auch die Absorption von Methylblau durch den Boden, genauer unter die Lupe. Im Anschluss daran untersuchten wir auch weitere abiotische Faktoren, wie z. B. Licht, Wasser, Wind, Temperatur und anthropogene Einflüsse, da auch diese von extremer Wichtigkeit für das dort vorherrschende Leben sind. In Punkt vier unserer Arbeit kommen wir dann zu der Erfassung der Zusammenhänge zwischen den zuvor analysierten abiotischen Faktoren und den in dem zu untersuchenden Ökosystem vorherrschenden Lebewesen.

2 Allgemeines zum gewählten Ökosystem

Unser Versuchsstandort befindet sich am Ufer des Torgelower Sees, dieser liegt in Deutschland in der gemäßigten Klimazone. An dem See liegt das kleine Dorf Torgelow mit etwa 700 Einwohnern. Die nächstgrößere Stadt ist Waren an der Müritz, zudem gibt es mehrere kleine Dörfer im unmittelbaren Umkreis. Die im Umland liegenden Felder werden hauptsächlich landwirtschaftlich genutzt. Frei von anthropogenen Einflüssen ist das von uns gewählte Ökosystem also nicht. Nicht selten wird in die Natur eingegriffen und nicht selten werden Abfälle in der Natur entsorgt und Abwässer in die Gewässer geleitet.

2.1 Standort

Die genauere Lage des gewählten Ökosystems ist am Seeufer des Privaten Internatsgymnasium Schloss Torgelows. Der Untersuchungsraum wird somit auf der einen Seite vom Torgelower See begrenzt, an dessen Ufer sich langgestreckt Schilf befindet, und auf der anderen Seite von etwa 5 Meter hohem Gebüsch (Holunder und Weißdorn). Durch diesen Bereich führt ein Trampelpfad, welcher wiederum von einem Abfluss zum See hin gekreuzt wird. Die Begrenzung unseres Ökosystems war zudem eine größere Erle. Dies ist auf der nachfolgenden Skizze nochmals deutlich zu erkennen:

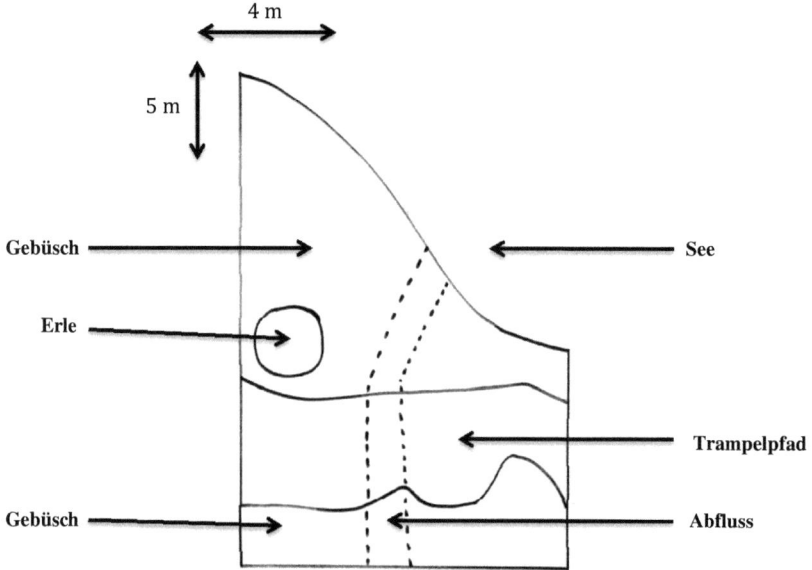

Abb. 1: Lageskizze des zu untersuchenden Ökosystems

2.2 Vorkommende Tiere

In unserem Versuchsraum konnten wir folgende Spinnenarten ausfindig machen: die **Wolfsspinne**, die **Zitterspinne**, die **Gartenkreuzspinne** und die **gemeine Streckerspinne**.

Bis auf wenige Ausnahmen erbeuten **Wolfspinnen** Insekten nicht durch Fangnetze, sondern lauern ihnen auf. Auffällig sind die vergrößerten hinteren Mittelaugen, die direkt nach vorn angeordnet sind. Der Sehsinn ist bei ihnen für die Jagd und die Balz von Bedeutung. Mit ihren sehr kräftigen Kieferklauen können die größeren Exemplare auch die menschliche Haut durchdringen. Die Menge und Konzentration des Giftes reicht jedoch selbst bei den 3 cm großen Exemplaren nicht aus, einem Menschen ernsthafte Probleme zu bereiten. Vorkommen tuen diese Spinnen hauptsächlich in Mitteleuropa.

Abb. 2: Wolfsspinne

http://de.wikipedia.org/wiki/Wolfspinnen; Zugriff am 12.10.2014

Zitterspinnen weben unregelmäßige und diffuse Raumnetze dreidimensionaler Ausdehnung und von beträchtlicher Größe, durch die sie sich geschickt fortbewegen und die sie in die Lage versetzen, auch wesentlich größere Tiere zu überwältigen.

Die meisten heimischen Vertreter der Familie bevorzugen mehr oder weniger geschützte Stellen, Baumhöhlen und Gesteinshöhlen des Freilandes. Zitterspinnen sind nachtaktiv, zu ihrer Hauptnahrungsquelle gehören Insekten.

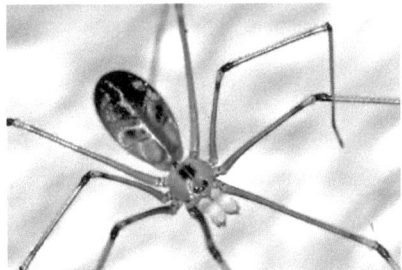

Abb. 3: Zitterspinne

http://de.wikipedia.org/wiki/Zitterspinnen; Zugriff am 12.10.2014

Die Gartenkreuzspinne ist leicht an den hellen, zu einem Kreuz zusammengesetzten Flecken zu erkennen. Die Flecken befinden sich auf der oberen Seite des Hinterleibs und setzen sich aus vier länglichen und einem kleinen, kreisförmigen Fleck in der Mitte zusammen. Die Grundfarbe der Spinne ist sehr variabel, da sie ihre Färbung an die Helligkeit ihrer Umgebung anpassen kann. Sie gehört zu den größten einheimischen Spinnen. Die Körperlänge der Weibchen kann bis zu 18 mm betragen, die der Männchen etwa 10 mm. Die Spinne kommt in ganz Mitteleuropa vor. Kreuzspinnen ernähren sich von allen Insekten, die sie in ihren Netzen fangen können, auch von Wespen, Hummeln,

Bienen, Fliegen und Schmetterlingen. Wenn die Spinne satt ist, spinnt sie ihre Beute erst ein und hängt sie als Vorrat in ihr Netz. Die Paarungszeit beginnt im August, somit ist eine Sicht im September durchaus realistisch.

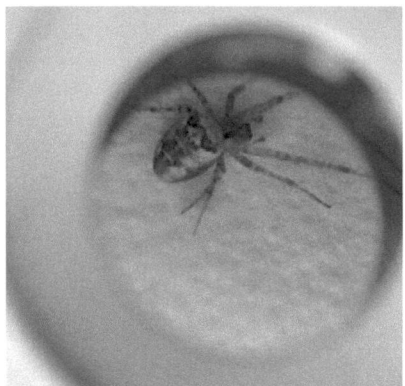

Abb. 4: Gartenkreuzspinne

http://de.wikipedia.org/wiki/Gartenkreuzspinne; Zugriff am 12.10.2014

Die **Gemeine Streckerspinne** ist die größte Art der Gattung in Mitteleuropa. Weibchen haben eine Körperlänge von 10-12 mm, Männchen werden 6-9 mm lang. Vorderkörper und Beine sind einfarbig beigebraun. Der längliche Hinterkörper trägt auf gelblichem bis grünlichem Grund eine schmale dunkle Strichzeichnung mit angedeuteter Mittellinie, die meist von einer dunklen feinmaschigen Netzzeichnung umgeben ist. Die Unterseite ist dunkelbraun. Diese Art von Spinne ist in ganz Europa verbreitet. Sie bewohnt Wiesen und Hochstaudenfluren in offenen Landschaften, fast immer in Gewässernähe.

Abb. 5: Gemeine Streckerspinne

http://de.wikipedia.org/wiki/Gemeine_Streckerspinne; Zugriff am 12.10.2014

Die Maulwurfshügel in unserem Versuchsraum weisen auf das Vorkommen von Maulwürfen hin.

Abb. 6: Maulwurfshügel

Der **Europäische Maulwurf** ist eine Säugetierart aus der Familie der Maulwürfe innerhalb der Ordnung der Insektenfresser. Er ist der einzige in Mitteleuropa verbreitete Vertreter seiner Familie. Die Nahrungssuche kann auf dreierlei Weisen erfolgen: durch Graben im Erdreich, durch Durchwandern der Gänge und durch Suche auf der Erdoberfläche. Welche Methode verwendet wird, hängt unter anderem vom Zustand des Bodens und der Erfahrung des Tieres ab. Maulwürfe leben ausschließlich von tierischer Nahrung, vor allem von Regenwürmern und Insekten sowie deren Larven. In geringem Ausmaß verzehren sie auch kleine Wirbeltiere wie Echsen und Nagetiere. Vor allem vor den Wintermonaten lagern sie Regenwürmer in ihren Nestern. Paarungszeit der Maulwürfe ist im Frühling. Sie leben vollständig unterirdisch, d,h. alle Körpervorgänge können ablaufen, ohne dass sie das Erdinnere verlassen müssen. An diese Umgebung sind Maulwürfe perfekt angepasst. Maulwürfe besitzen eine Körperlänge von 12 – 19 cm, wobei der Schwanz selten mehr als 3 cm misst. Angepasst an sein Lebensumfeld besitzt der Maulwurf nur eine Körperhöhe von ca. 2 cm. Entsprechend wiegt er auch nur 50 – 140 Gramm.

Abb. 7: Europäischer Maulwurf

http://de.wikipedia.org/wiki/Europ%C3%A4ischer_Maulwurf; Zugriff am 12.10.2014

Die **Braune Wegschnecke** ist eine Nacktschneckenart aus der Familie der Wegschnecken. Das Tier misst ausgestreckt etwa 5 bis 7 cm in der Länge. Die Färbung der Oberseite des Körpers reicht von gelb bis dunkelbraun mit einem gegenüber der Grundfarbe etwas dunklerem Rücken. Deutlich abgesetzt sind zwei dunklere, oft dunkelbraune Längsbinden.

Abb. 8: Braune Wegschnecke

http://de.wikipedia.org/wiki/Braune_Wegschnecke; Zugriff am 12.10.2014

Des Weiteren kommt die **Bernsteinschnecke** in unserem Versuchsraum vor. Die Bernsteinschnecken sind eine Familie aus der Unterordnung der Landlungenschnecken. Die Familie ist weltweit verbreitet. Bernsteinschnecken kommen vor allem in den Uferzonen von Flüssen und Seen vor. Einzelne Arten leben auch in den Dünengebieten der Meeresküsten.

Abb. 9: Bernsteinschnecke

http://de.wikipedia.org/wiki/Bernsteinschnecken; Zugriff am 12.10.2014

Die **Schnirkelschnecken** bewohnen die vielfältigsten Lebensräume, von ausgesprochen feuchten und kühlen Standorten bis zu ariden und heißen Standorten. Sie kommen von der Küste bis in große Höhen in den Gebirgen vor. Auf der Speisekarte der drei Schnecken stehen Pflanzen sowie bereits tote Tiere.

http://de.wikipedia.org/wiki/Schnirkelschnecken; Zugriff am 12.10.2014

Der **Gemeine Regenwurm** ist die bekannteste und verbreitetste Art der heimischen Regenwürmer. Er wird zwischen 12 und 30 Zentimeter lang und sein Körper ist vorne rot und hinten blass. Der Gemeine Regenwurm lebt in Wiesen und Gärten, gräbt bis zu drei Meter tiefe Gänge und durchwühlt den Boden sehr intensiv. Seine Nahrung besteht zum größten Teil aus noch nicht stark verwesten Pflanzenteilen. Der Gemeine Regenwurm eignet sich sehr gut als Bioindikator für die Bodenqualität, da er durch das Graben der Gänge Bodenmaterial direkt aufnimmt und als Destruent Pflanzenreste frisst.

Abb. 10: Gemeiner Regenwurm

http://de.wikipedia.org/wiki/Tauwurm; Zugriff am 12.10.2014

Der **Glanzkäfer** (2–7 mm), ist ein dunkelbrauner oder lackglänzender Käfer Käfer mit sehr unterschiedlicher Lebensweise. Viele Arten leben in Blüten, unter der Rinde, am Saft blutender Bäume oder an Aas und alten Knochen.

Abb. 11: Glanzkäfer

http://www.spektrum.de/lexikon/biologie/glanzkaefer/28148; Zugriff am 12.10.2014

Weitere Insekten, die wir in unserem Versuchsraum fanden waren die **Scheinwespe** und die **Schnake**. Beim Betrachten der Blätter vieler Pflanzen ist uns aufgefallen, dass diese Löcher haben. Daraus lässt sich schließen, dass diese Pflanzen von bestimmten Krankheiten befallen sind. Eventuell wurden die Blätter auch durch Blattläuse zerlöchert, dies konnten wir jedoch nicht nachweisen.

2.3 Vorkommende Pflanzen

Folgende Baumarten sind in unserem Versuchsgebiet aufzufinden: **Grauerle**, **Birke**, **Ahorn** und **Gemeine Esche**.

Die **Grauerle** ist in starker Form von Gallmilben befallen. Dies wird aus den charakteristischen gelben Ausstülpungen (sog. Gallen) ersichtlich, die durch Saugtätigkeit der 0,03 mm bis 0,8 mm großen Tiere entstanden. Diese werden als Schutz von den Milben genutzt. Der Baum ist etwas zu einem Drittel mit Gallen befallen. Die **Grauerle** ist ein Laubbaum aus der Gattung der Erlen und gehört damit zur Familie der Birkengewächse. Ihr Verbreitungsgebiet erstreckt sich über Nord-, Mittel- und Osteuropa bis zum Kaukasus, im Westen Europas fehlt sie. Der Baum wird häufig zur Aufforstung von Abraumhalden und zur Stabilisierung von Hängen und Böschungen verwendet. Durch Symbiose mit dem Bakterium Frankia alni kann sie den Stickstoff der Luft binden und trägt durch die Anreicherung mit Stickstoffverbindungen zur Verbesserung des Bodens bei.

http://de.wikipedia.org/wiki/Grau-Erle#.C3.96kologie; Zugriff am 06.10.2014

Viele Vogelarten sind auf **Birken** angewiesen, z. B. dienen dem Birkenzeisig und dem Birkhuhn Knospen und Samen der Birke als wichtige Winternahrung. Der Baum selbst ist Lebensraum für zahlreiche Pilze, Flechten und Moose, sowie für Insekten und Säugetiere. Einige leben als Parasiten oder in Symbiose in, an und auf der Birke. Fast hundert Arten von Schmetterlingsraupen siedeln auf Birken. Die bis zu 100 Birken-Arten kommen auf weiten Teilen der Nordhalbkugel, in Europa, in Nordamerika (besonders an deren Ostküsten) und in Asien bis Japan vor. Die Bäume stellen nur geringe Ansprüche an Boden und Klima. Birken gedeihen sowohl auf trockenen wie nassen Böden, in Heidegebieten, auf Dünen wie auf Moor.

http://de.wikipedia.org/wiki/Birken; Zugriff am 12.10.2014

In Europa ist der Ahorn mit Ausnahme der nördlichen Gebiete von Skandinavien überall heimisch. Daneben findet man Ahorne auch in Kleinasien und wie eben schon erwähnt in Nordamerika.

http://www.biologie-schule.de/ahorn-steckbrief.php; Zugriff am 12.10.2014

Die **Gemeine Esche** ist eine in Europa heimische Baumart, die mit einer Wuchshöhe von etwa 40 Metern zu den höchsten Laubbäumen Europas zählt. Durch die hohe Konkurrenzkraft der Buche, mit der sie häufig vergesellschaftet vorkommt, ist sie in größeren Beständen überwiegend in Waldgesellschaften auf feuchteren oder trockeneren Standorten (flachgründige Kalkböden) anzutreffen, auf denen die Konkurrenzkraft der Buche nachlässt.

http://de.wikipedia.org/wiki/Gemeine_Esche; Zugriff am 12.10.2014

Der **Eingriffelige Weißdorn** ist die häufigste Weißdornart in Mitteleuropa. Er bevorzugt die Nähe von Hecken, Gebüschen und Waldrändern und kalkreiche Böden.

http://de.wikipedia.org/wiki/Eingriffeliger_Wei%C3%9Fdorn; Zugriff 12.10.2014

Die Holunder bilden eine Pflanzengattung in der Familie der Moschuskrautgewächse, Die Gattung enthält weltweit etwas über zehn Arten, von denen drei in Mitteleuropa heimisch sind. Am bekanntesten von diesen drei Arten ist der **Schwarze Holunder**, der im heutigen Sprachgebrauch meist verkürzt als „Holunder" bezeichnet wird.

http://de.wikipedia.org/wiki/Holunder; Zugriff am 12.10.2014

Das **Schöllkraut** ist eine Pflanzenart der Gattung Chelidonium aus der Familie der Mohngewächse. Lange Zeit war es die einzige Art, aber heute rechnet man zwei bis drei weitere Arten aus Ostasien zu dieser Gattung. Die stickstoffliebende Art wächst gerne in der Nähe von menschlichen Wohnstätten, etwa auf Schuttplätzen, an Wegesrändern, in Robinienbeständen und sogar in Mauerspalten sowie im Gebirge.

http://de.wikipedia.org/wiki/Sch%C3%B6llkraut; Zugriff am 12.10.2014

Die **Storchschnäbel** (Geranium) oder **Geranien** sind mit rund 380 bis 430 Arten die artenreichste Gattung der Storchschnabelgewächse (Geraniaceae). Geranium-Arten benötigen ein kühl-gemäßigtes Klima. Da in solchen Gebieten der Erde selten Trockenheit herrscht, sind viele der Storchschnabelarten auf gut feuchte Böden eingestellt. Die meisten Storchschnabelarten bevorzugen basen- und stickstoffsalzreiche Lehmböden. Sie besiedeln häufig Ödlandflächen, Hackfruchtäcker, lückige Gebüsche und Rodungsflächen. In unserem Versuchsgebiet ist der **schlitzblättrige Storchenschnabel** vertreten.

http://de.wikipedia.org/wiki/Storchschn%C3%A4bel; Zugriff am 12.10.2014

Das **Gewöhnliche Seifenkraut** ist eine Pflanzenart aus der Familie der Nelkengewächse. Das Gewöhnliche Seifenkraut ist in den gemäßigten Breiten Europas, auf Madeira und in West-Sibirien bis in Höhen bis ca. 700 m heimisch. Man findet das Gewöhnliche Seifenkraut ziemlich häufig in Unkrautfluren, vor allem in Auen-Landschaften (Stromtalpflanze), an Flussufern, Dämmen, Kiesbänken, auch an Wegen und Schuttplätzen. Es liebt nährstoffreichen, meist frischen Stein-, Sand- oder Kiesboden. Nach den ökologische Zeigerwerte von Ellenberg ist es eine Halblichtpflanze, ein Frischezeiger, ein Schwachsäure- bis Schwachbasezeiger auf mäßig stickstoffreichen Standorten und eine Verbandscharakterart halbruderaler Pionier- und Lockerrasen-Gesellschaften.

http://de.wikipedia.org/wiki/Gew%C3%B6hnliches_Seifenkraut; Zugriff am 12.10.2014

Die **Milzkräuter** (Chrysosplenium) bilden eine Pflanzengattung innerhalb der Familie der Steinbrechgewächse. Chrysosplenium-Arten gedeihen in den gemäßigten bis arktischen Gebieten der Nordhalbkugel. Ein Teil der Arten, wie z. B. auch die beiden mitteleuropäischen Arten, wächst an nassen Stellen neben Bächen oder an Felsen in Gebirgsschluchten. Viele Arten wachsen aber auch an trockeneren Stellen in Felsspalten oder auf Schotterhängen.

http://de.wikipedia.org/wiki/Milzkr%C3%A4uter; Zugriff am 12.10.2014

Das **Schilfrohr** wächst typisch am Gewässerrand.

Weitere Pflanzenarten, die wir in unserem Versuchsgebiet gefunden haben waren: das **Springkraut**, die **Brennnessel**, der **Löwenzahn**, die **Taubnessel**, der **Gundermann**, die **Roggen-Trespe**, die **Zaunwinde** und der **Pferdesesel**. Diese Arten sind relativ anspruchslos, weswegen sie nicht als Zeigerpflanzen gelten.

Von den häufigsten Pflanzen haben wir zudem ein Herbarium angefertigt.

3 Bestimmung abiotischer Faktoren

3.1 Boden

Der Boden wird oftmals unterschätzt, zu Unrecht, denn er hat mehr Funktionen, als einem auf den ersten Blick auffallen: Er ist Standort und Grundlage für das Wachstum, ja eigentlich für das Existieren von Pflanzen. Zugleich stellt er den Lebensraum der gesamten Fauna, also der Tierwelt dar. Auch für uns Menschen ist der Boden von essentieller Bedeutung, ein einzelnes Beispiel ist der gesamte primäre Sektor.

Anfänglich entnahmen wir, an den in der folgenden Skizze markierten Stellen, Bodenproben, welche wir im späteren Verlauf genauer untersuchten:

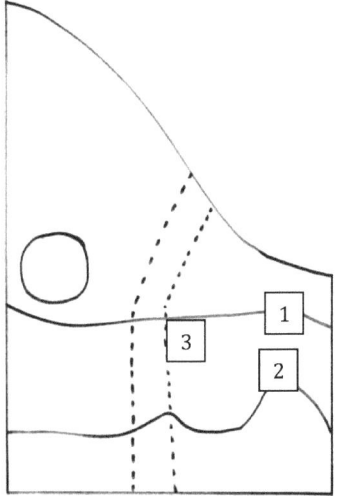

Abb. 12: Entnahmestellen der Bodenproben

Bei Entnahmestelle 1 haben wir lufttrockene Erde vom Wegesrand entnommen.

Bei Entnahmestelle 2 nutzten wir Erde aus 20 - 30 cm Tiefe, für die dritte Bodenprobe hingegen etwas schlammige Erde, was durch den, das ist in der Skizze gut zu erkennen, nahegelegenen Abfluss bedingt ist.

Diese so gegensätzlichen Bodenproben nutzten wir, um ein möglichst breitgefächertes Ergebnis zu erlangen. Im weiteren Verlauf führten wir verschiedene Experimente durch, anhand deren Erkenntnisse wir in der Auswertung auf das Zusammenspiel zwischen abiotischen und biotischen Faktoren schließen konnten.

3.1.1 Humusgehalt des Bodens

Der Humusgehalt von Böden ist wesentlich für das Pflanzenwachstum und die Fruchtbarkeit des Bodens verantwortlich. Um den Gehalt an Humus zu bestimmen, wird die Glühmethode verwendet.

Humus ist ein wichtiger Bodenbestandteil. Er ist sowohl Nährstoffspeicher als auch – Lieferant. Der Humusgehalt ist wichtig für die Bodenstruktur (Krümelstruktur) und das Bodenleben. Normalerweise enthalten die Böden Mitteleuropas 2-8% Humus. Böden mit mehr als 10% Humus gelten bereits als stark humushaltig (humos). Schon die Bodenfärbung gibt einen ersten Anhaltspunkt für den Humusgehalt des Bodens.

Die zwei von uns entnommenen Erdproben sind aufgrund ihrer Struktur den Lehmen zuzuordnen (weiteres siehe 3.1.3). Die dunkel- bis schwarzbraune Färbung lässt auf einen humusreichen Boden schließen.

Abb. 13: Färbung der Bodenproben

Allerdings kann sich auf das Augenmaß nur bedingt verlassen werden, da Feuchtigkeit den Boden dunkler erscheinen lässt. Will man den Humusgehalt genauer bestimmen, muss man den Humus (die organische Substanz) verbrennen. Der mineralische Boden bleibt als Rückstand zurück.

Das Experiment zur Bestimmung des Humusgehalts des Bodens haben wir wie folgt durchgeführt. Wir haben zwei Bodenproben von unserem Versuchsstandort entnommen. Die erste Probe war lufttrocken und wurde seitlich neben dem Weg entnommen. Die zweite Probe hingegen war etwas feucht, da wir sie aus circa 20 - 30 cm Tiefe entnommen haben. Aufgrund der mangelnden Zeit war es uns nicht möglich die Erde zunächst vollkommen austrocknen zu lassen.

Abb. 14: Entnahmeort der Bodenprobe aus 20 cm Tiefe, Skizze des Versuchsstandortes

Für die Versuchsdurchführung nutzten wir eine Waage, zwei Porzellantiegel, zwei Brenner (dazu zwei Dreifüße und zwei Tondreiecke), Streichhölzer, eine Tiegelzange, einen Spatel sowie zwei Glasstäbchen. Zunächst wurden je 10 g der Bodenproben in einem Porzellantiegel über offener Flamme etwa 20 bis 30 Minuten zum Glühen gebracht. Die Proben haben wir zwischendurch mit den Magnesiastäbchen umgerührt, sodass wirklich alle pflanzlichen Stoffe verglühten. Während des Erhitzens zeigte ein penetranter Geruch nach verbrannten Haaren an, dass reichlich Stickstoff in der organischen Substanz (Eiweißstoffe) gebunden gewesen ist.

Abb. 15: Das Erhitzen der Bodenproben

Nach dem die Bodenproben abgekühlt waren, haben wir sie erneut gewogen und den Kohlenstoffanteil (Humusanteil) mittels des Glühverlustes bestimmt. Die erste Bodenprobe hatte nun ein Gewicht von 7,5 g, ihr Glühverlust betrug 25%. Die zweite Bodenprobe hingegen hatte nach dem Abkühlen nur noch ein Gewicht von 5,5 g, ihr Glühverlust betrug 45% und ist damit fast doppelt so hoch gewesen wie der von der ersten Probe. Allerdings war die zweite Bodenprobe leicht feucht, was zur Folge hatte, dass ein Teil ihres Gewichts

Wasser war. Dies erklärt den markanten Unterschied des Glühverlustes der beiden Erdproben.

Die dunkle Farbe der Bodenproben sowie der hohe Glühverlust lassen auf einen hohen Humusgehalt schließen, die Erden unseres Versuchsstandortes können somit als humos betrachtet werden. Das Experiment hat gezeigt, dass viele pflanzliche Stoffe (Nährstoffe) im Boden enthalten sind. Somit ist der Boden hervorragend für Pflanzen geeignet, da er Nährstoffe im Überfluss enthält.

https://www.wuppertal.de/rathaus-buergerservice/medien/dokumente/Teil3_VE10_Humus.pdf; Zugriff am 28.09.2014

3.1.2 pH-Wert

In einen weiteren Versuch haben wir durch Bestimmung der Bodenreaktion den pH-Wert zweier Bodenproben, als auch des Abflusswassers ermittelt. Der pH-Wert (ph= Potentia hydrogenii, auch Wasserstoffkonzentration genannt) gibt Aufschluss über die Klassifizierung der untersuchten Proben. So ist zu ermitteln, ob z.B. ein Boden eher sauer (pH bis 7) oder alkalisch (pH über 7) reagiert.

Die dritte Bodenprobe war von der Konsistenz her schlammig, da wir sie direkt am Abfluss entnommen haben. Die zweite Bodenprobe entstammte aus 20 - 30 cm Tiefe. Die Entnahmeorte der verschiedenen Proben sind in der obigen Skizze (Abb. 12) gekennzeichnet.

Zur Durchführung des Experiments benötigten wir sowohl Wasser als auch Universalindikator mit einer entsprechenden Vergleichsskala zur Auswertung (pH-Meter). Des Weiteren haben wir diese Geräte genutzt: fünf Reagenzgläser, zwei Bechergläser, zwei Trichter, Filterpapier, eine Waage, einen Reagenzglasständer, eine Messpipette sowie einen Glasstab. Von den Bodenproben haben wir zunächst 25 g abgewogen und mit 50 ml Wasser in je einem Becherglas vermischt. Durch kräftiges Rühren haben wir sichergestellt, dass sich alles möglichst gleichmäßig gelöst hat und ein annähern homogenes Gemisch entstanden ist. Das so entstandene Konglomerat haben wir anschließend filtriert und mittels eines Trichters in einem Reagenzglas aufgefangen. Mit der Messpipette haben wir nun je 5 ml Filtrat in ein weiteres Reagenzglas gegeben und mit je vier Tropfen Unitest versetzt. Von der Wasserprobe konnten wir ohne Filtration 5 ml in ein Reagenzglas abfüllen und untersuchen. Den durch Zugabe des Indikators entstandenen Farbton haben wir mit dem pH-Meter verglichen. Die dritte Bodenprobe, der Schlamm, hatte einen pH-Wert von 6,5 die zweite Bodenprobe (aus 20 - 30 cm Tiefe) hatte einen pH-Wert von 6,5 – 7,0. Das untersuchte Abflusswasser hatte einen pH-Wert von 7,5 – 8,0.

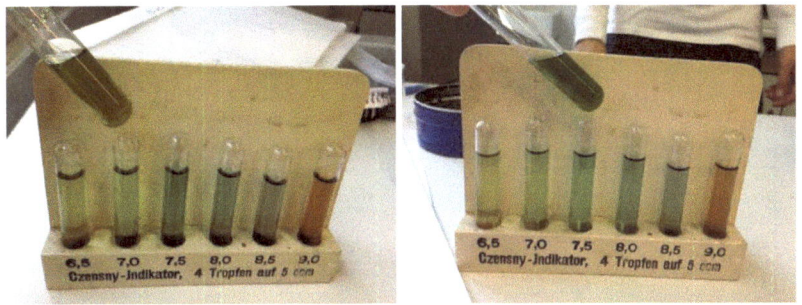

Abb. 16: Vergleich der 2. Bodenprobe / der Abflusswasserprobe mit dem pH-Meter

Der pH-Wert der Bodenproben gibt Aufschluss darüber, welche Pflanzen in dieser Erde leben können. Zudem lässt sich so auch die Art der Erde näher bestimmen. Wie schon zuvor angenommen handelt es sich bei den Proben um Lehm. Beide Bodenproben wurden in der Nähe des Abflusses entnommen, wobei die dritte Bodenprobe von dem pH-Wert des Abflusswassers beeinflusst wurde und somit einen höheren pH-Wert aufweist als die zweite Bodenprobe aus 20 – 30 cm Tiefe.

BODENART	PH-BEREICH
Sandböden	5,3 - 5,7
Lehmiger Sand	5,8 - 6,2
sandiger Lehm	6,3 - 6,7
Lößboden	6,9 - 7,5
Toniger Lehm, Ton	6,9 -
Moorboden	3,8 - 4,3

Abb. 17: Anzustrebende pH-Werte verschiedener Bodenarten

Die **Nährstoffe** sind optimal verfügbar in folgenden pH-Bereichen:

BODENART	PH-BEREICH
Aluminium	unter 5.5, über 8.8
Bor	5 - 6, über 8.5
Calcium	6 - 8
Eisen	4 - 6
Kalium	6 - 7
Kupfer	5.5 - 7
Magnesium	6.5 - 9
Mangan	4 - 5.5
Molybdän	7.5 - 9
Phosphor	6.5 - 7.5, über 8.5
Zink	5.5 - 7

Abb. 18: Nährstoffverfügbarkeit in Abhängigkeit des pH-Wertes

Lehmböden sind in der Regel locker und gut durchlüftet. Sie waschen nicht leicht aus und sind deshalb nährstoffreich. Bei guter Pflege ist Lehm somit der ideale Boden.

Die entnommenen Bodenproben zeigen, dass die Erden unseres Versuchsstandortes äußerst nährstoffreich sind. Laut der Tabelle (Abb. 18) enthalten die Erdproben Aluminium, Bor, Calcium, Eisen, Kalium, Kupfer, Magnesium, Mangan, in kleineren Mengen Molybdän, Phosphor und Zink. Weitere in der Tabelle nicht aufgelistete Nährstoffe können zudem enthalten sein. Da der pH-Wert des Bodens weder total sauer noch total alkalisch ausfällt kann man davon ausgehen, dass keiner der aufgelisteten Nährstoffe in so großen Maße ausfällt das er sich schädlich auf das Pflanzenwachstum auswirkt.

Aufgrund dieses umfassenden Nährstoffangebots eignet sich die Erde unseres Versuchsstandortes hervorragend für das Pflanzenwachstum. Der pH-Wert des Wassers verschlechtert die Qualität des Bodens nicht, auch wenn es leicht alkalisch ist.

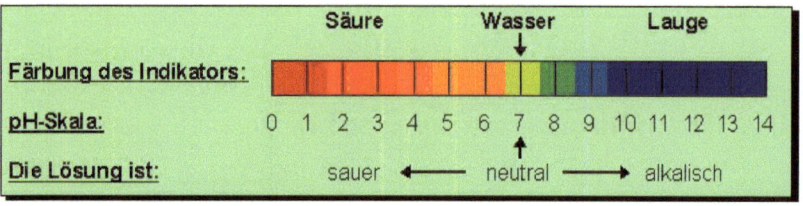

Abb. 19: Auswertung des pH-Wertes

http://www.bio-gaertner.de/Verschiedenes/Bodenarten-und-pH-Wert; Zugriff am
29.09.2014

3.1.3 Stabilität der Bodenkrümel gegenüber Wasser

Das Experiment zur Bestimmung der Stabilität von Bodenkrümeln gegenüber Wasser haben wir zweimal durchgeführt. Mit der Pinzette haben wir Bodenkrümel von 2 - 3 mm Durchmesser einer Bodenprobe in eine Petrischale gegeben. Beide Proben haben wir am Wegesrand entnommen, was die folgende Skizze verdeutlicht:

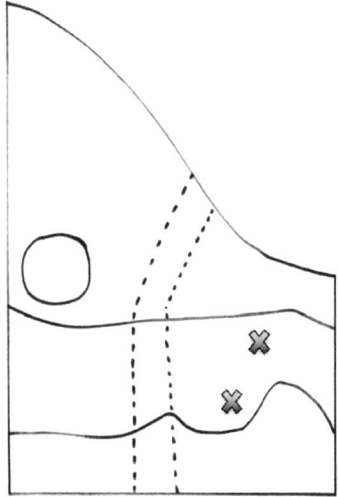

Abb. 22: Skizze, Kreuz gibt Ort der Erdentnahme an

Zu den ausgelesenen Krümeln wird nun so viel Wasser hinzugegeben, dass die Krümel etwa zu zweidrittel damit bedeckt sind. Das Wasser wirkt nun in einem Zeitfenster von 5 - 10 Minuten auf die Erde ein. Die Petrischalen haben wir damit ruhig stehen gelassen, um Verfälschungen des Ergebnisses zu vermeiden. Nach dem Ablauf der Zeit wurden die Schälchen noch einmal leicht von uns umgeschwenkt, so wurde der Einfluss des Wassers auf die Krümelstruktur deutlich sichtbar.

Die erste Bodenprobe haben wir am 10.09.2014 entnommen. An den Tagen davor hatte es nicht geregnet und die Erde war völlig durchgetrocknet. Dies hat sich auch im Versuch bemerkbar gemacht, wie die folgenden Bilder zeigen:

 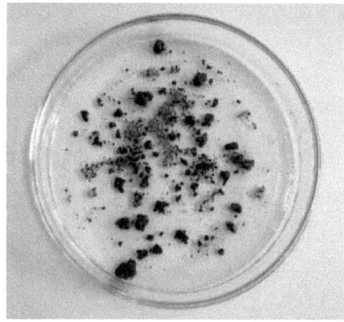

Abb. 21: Untersuchung der Bodenprobe vom 10.09.2014

Die Bodenkrümel von unserer ersten Untersuchung waren sehr klein. Der Boden war insgesamt ausgetrocknet und porös, was sich darin widerspiegelte, dass er an einigen Stellen wie Sand wirkte. Das Wasser hatte keinerlei Einfluss auf die Bodenkrümel und auch beim Schwenken der Petrischale behielten die Bodenkrümel ihre anfängliche Form bei.

Das zweite Mal führten wir dieses Experiment am 19.09.2014 durch. An dem Tag selber und auch die Tage zuvor war es draußen sehr feucht. Es regnete bzw. nieselte fast täglich. Der Boden wurde dadurch wiederum stark beeinflusst, wie die folgenden Bilder zeigen:

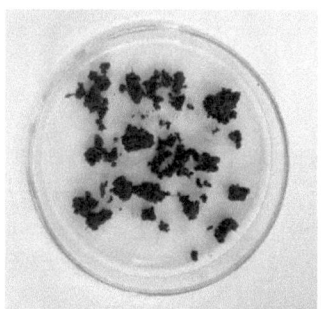 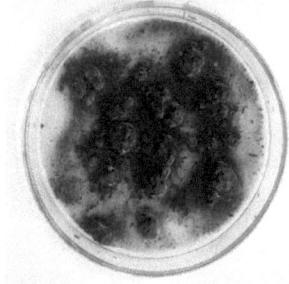

Abb. 22: Untersuchung der Bodenprobe vom 19.09.2014

Schon die Bodenkrümel waren deutlich größer als beim vorherigen Versuch. Zudem war die Erde leicht feucht, die Krümel daher klebrig und größer. Bei Zugabe von Wasser lösten sich die Krümel sofort auf. Auf dem Bild ist zu erkennen, dass die Krümel deutlich zerfallen sind. Durch das Schwenken der Petrischale verstärkte sich dieser Zerfall nochmals.

Das Experiment hat gezeigt, dass der Boden unseres Versuchsstandortes in großem Maße Wasser speichern kann. Auch Tage nach dem letzten Regenfall blieb die Erde leicht feucht. Ist es jedoch über einen längeren Zeitraum trocken, so ist der Lehmboden erhärtet und für Pflanzen nur schwer zu durchwurzeln. Die Bodenlüftung wird in gleichem Maße durch die Feuchtigkeit beeinflusst. Ist die Erde feucht so ist sie leicht zu durchwurzeln und stellt einen guten Lebensraum für Pflanzen und Tiere dar. Die Erde ist auch weicher, wenn sich feucht ist. In diesem Fall wird das Wasser, so hat es das Ergebnis des Experiments gezeigt, schnell von dem Boden aufgenommen. Die feuchte Erde ist Lebensraum vieler Tiere u.a. dem Regenwurm und dem Maulwurf.

3.1.4 Huminstoffe

Huminstoffe sind aus Streustoffen durch biotische oder abiotische Prozesse im Boden neu gebildete organische Verbindungen. Sie sind häufig braun bis schwarz gefärbt. Außer als Feststoffe treten Huminstoffe auch gelöst auf, weswegen man sie durch das folgende Experiment bestimmen kann.

Zur Durchführung des Versuches zur Bestimmung der Huminstoffe im Boden benötigt man folgende Utensilien: einen Reagenzglasständer, Reagenzgläser mit Gummistopfen, Trichter, Filterpapier, Natronlauge (2%ig), einen Esslöffel und eine Plastikspritze (10ml). Die Reagenzgläser wurden durch uns zur Hälfte mit der entsprechenden Erdprobe (ohne Steine) gefüllt. Bei diesem Versuch haben wir erneut die Erde aus 20 – 30 cm Tiefe verwendet.

Zu der nun abgefüllten Erdprobe haben wir mit der Plastikspritze 15 ml Natronlauge zugegeben. Anschließend wurde das Reagenzglas mit einem Stopfen verschlossen und 1 bis 2 Minuten kräftig geschüttelt. Das entstandene Gemisch haben wir über Filterpapier und einen Trichter in ein weiteres Reagenzglas filtriert. Aus der Farbe des Filtrats konnte man nun Schlussfolgerungen über die in der Erde enthaltene Humusform machen.

Abb. 23: Filtrat zur Bestimmung der Huminstoffe im Boden

Wie in der Abbildung deutlich hatte das Filtrat eine dunkelbraune Färbung. Folglich sind Huminsäuren nur in geringem Maße in der Erde enthalten. Die vorhandene Humusform ist Rohhumus. Durch den Abfluss werden allerlei Stoffe transportiert, so rührt es wahrscheinlich daher, dass in diesem Gebiet Rohhumus aufzufinden ist, dessen Herkunft der Fichtenhumus ist. Fichten sind im nahe gelegenen Wald zur Genüge vorhanden.

Eigenschaften der Huminstoffe

Merkmal	Fulvosäuren	Huminsäuren	Humine
Farbe	gelb-gelbbraun	braun-grauschwarz	variabel
Molmasse [g]	800 – 9.000	10.000 – 100.000	variabel
Stickstoffgehalt [%]	0,5 – 2,0	4 – 8	variabel
KAK* [mmol$_C$/kg]	5.000 – 7.000	3.000 – 5.000	< 3.000
Säurestärke	hoch	mittel	sehr gering
Bildung organ. Metallkomplexe	sehr hoch überw. gelöst	mittel überwieg. fest	gering fest

*KAK: Kationenaustauschkapazität

Abb. 24: Eigenschaften der Huminstoffe

Die Huminstoffe des Bodens werden nach ihren Lösungsverhalten gegenüber Laugen und Säuren in Fulvosäuren, Huminstoffe und Humine unterteilt. Die nur wenig gefärbten Fulvosäuren sind überwiegend gelöst. Sie haben eine sehr hohe Kationenaustauschkapazität, wirken deutlich versauernd und sind starke Komplexbildner mit Metallen. Huminsäuren stellen meist den größten Teil der festen Huminstoffe dar. Die kräftig gefärbten Makromoleküle sind schwache Säuren. Ihre Kationenaustauschkapazität ist zwar geringer als die der Fulvosäuren, übersteigt die Kationenaustauschkapazität der Tonminerale aber beträchtlich. Der teilweise in den Kernen gebundene Stickstoff steht erst nach der Mineralisierung der Huminsäuren zur Verfügung. Humine sind oft sehr alte Huminstoffe, die mit Tonmineralen kaum zersetzbare „organomineralische Verbindungen" bilden.

Der Humusgehalt eines Bodens stellt ein offenes Fließgleichgewicht aus Zufuhr (Streuanfall) und Abfuhr (Mineralisierung) dar. Bei einer Änderung der Bilanzgrößen sinkt oder steigt der Gehalt im Boden bis ein neues Gleichgewicht erreicht ist. Die Spannweite der Gehalte an organischer Substanz in Böden reicht von humusfreien Sedimenten bis zu Torfen. Der Gehalt an organischer Substanz wird von allen Faktoren bestimmt, die Einfluss entweder auf die Zufuhr oder auf die Abfuhr organischer Substanz nehmen:

- Bodenklima (Temperatur/ Feuchte)

- Mineralzusammensetzung des Bodens

- Alter der Böden

- Art und Biomasse der Vegetation

- Bewirtschaftung (Pflügen, Zufuhr organischer Substanz, Düngung, Bodenerosion)

Die Faktoren sind teilweise wechselseitig korreliert. Der im Boden enthaltene Humus und somit auch die hochmolekularen Huminstoffe beeinflussen in vielerlei Hinsicht das Ökosystem.

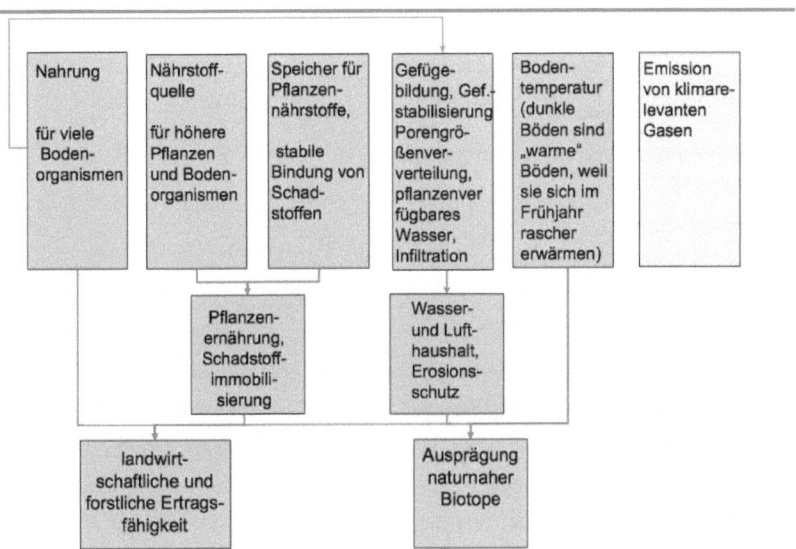

Abb. 25: Wirkung von Humus auf das Ökosystem

Huminstoffe liegen je nach Boden in unterschiedlichen Anteilen vor. Sie sind aufgrund ihres hochmolekularen Charakters schwer abbaubar. Sie werden u. a. durch Mikroorganismen und Pilze abgebaut und dienen der Nährstoffversorgung (vor allem Schwefel, Stickstoff, Phosphor).

In Laborversuchen konnte vielfach eine Förderung des Pflanzenwachstums durch Huminstoffe beobachtet werden. Dies wird auf folgende Ursachen zurückgeführt:

- Huminstoffe haben eine hohe Kationenaustauschkapazität

- Mineralisierung bedeutet eine Lieferung von Nährstoffen

- Huminstoffe unterstützen die Aufnahme von Mikronährstoffen, z.B. Eisen und Kupfer

- Durch ihre Eigenschaft, Metallionen zu binden, findet eine lokale Detoxifizierung statt

Des Weiteren hemmen Huminstoffe die Aktivität von Bodenenzymen durch kompetitive oder allosterische Hemmung. Dadurch wird der Umsatz von Substraten verzögert.

Durch diesen Versuch wurde deutlich, dass der Boden unseres Versuchsstandortes zwar viel Humus enthält, dennoch aber verhältnismäßig wenig Huminsäuren. Daraus lässt sich schließen, dass im Boden viele Nährstoffe jedoch aber wenig Huminsäuren vorhanden sind. Somit ist das gute Pflanzenwachstum in unseren Versuchsstandort auf das reiche Nährstoffangebot zurückzuführen. Die in geringen Mengen vorhandenen Huminsäuren besitzen eine wichtige Funktion als natürliche Ionenaustauscher, die basische Stickstoffverbindungen binden und diese im Austausch gegen metallische Kationen wieder freisetzen.

http://de.wikipedia.org/wiki/Huminstoff#Anteil_in_B.C3.B6den; Zugriff am 30.0.2014

http://www.geowiss.uni-hamburg.de/i-boden/publrel/Miehlich_Humus_im_Boden.pdf; Zugriff am 30.09.2014

3.1.5 Kalkgehalt

Auch die Untersuchung des Kalkgehalts nahmen wir an zwei verschiedenen Bodenproben vor: der schlammigen Erde aus dem Abflussbereich und der Erde aus 20 - 30 cm Tiefe. Für die Durchführung dieses Versuches benötigten wir neben einer Waage, 2 Uhrgläschen, einem Hornlöffel und einer Tropfpipette auch eine 10%ige Salzsäure. Anschließend wurde von jeder der beiden Bodenproben jeweils 10 g abgewogen. Zu diesen, sich nun auf den beiden Uhrgläschen befindlichen Bodenproben wurden anschließend einige Tropfen der Salzsäure gegeben. Das Ausmaß des Aufbrausens gab nun Aufschluss über den Kalkgehalt. Bei der schlammigen Bodenprobe konnten wir zunächst ein schwaches Aufbrausen feststellen und anhand dieser Beobachtung auf einen Kalkgehalt von etwa 1 - 2 % schließen. Bei Zugabe der Salzsäure zu der aus 20 - 30 cm Tiefe stammenden Bodenprobe hingegen war ein starkes und zudem länger anhaltendes Aufbrausen zu verzeichnen, was auf einen Kalkgehalt von über 5 % hindeutet.

Zu begründen ist dies wie folgt: $CaCO_3 + 2HCl \rightarrow CaCl_2 + H_2O + CO_2$

Das Calciumcarbonat (Kalk) reagiert mit der Salzsäure zu Calciumchlorid und Kohlensäure ($CaCO_3$), welche allerdings instabil ist und sofort in Wasser und Kohlenstoffdioxid (CO_2) zerfällt. Das beobachtete Aufbrausen deutet auf eine Gasentwicklung hin, welche, wie man jetzt schlussfolgern kann, dem Kohlenstoffdioxid zuzuordnen ist. Je höher der Kalkgehalt in der Erde, desto stärker das Ablaufen der chemischen Reaktion, also auch der Produktion des in Bläschenform aufsteigenden Kohlenstoffdioxids.

3.1.6 Stickstoffgehalt (Nitrat, Nitrit, Ammonium)

Bestimmt man den Stickstoffgehalt einer Bodenprobe, so geht man auf Nitrat-, Nitrit- und Ammoniumwerte ein. Um den Unterschied zweier verschiedener Bodenproben zu verdeutlichen, verwendeten wir zum einen die schlammige aus der Abflussregion stammende Bodenprobe und zum zweiten die aus 20 - 30 cm Tiefe. Da wir zu diesen beiden Bodenproben zuvor in einem anderen Versuch destilliertes Wasser gaben, diese Mischung anschließend filtrierten und die entstandenen Filtrate nicht vollständig aufgebraucht hatten, konnten wir an dieser Stelle auf jene zurückgreifen.

Wir begannen mit der Feststellung des Wertes der Ammoniumkonzentration. Um zu diesem Wert zu gelangen, gaben wir nach und nach mehrere Tropfen dreier flüssiger Reagenzien zu den beiden Filtraten. Nach kurzem Warten kam dann folgendes Ergebnis zum Vorschein:

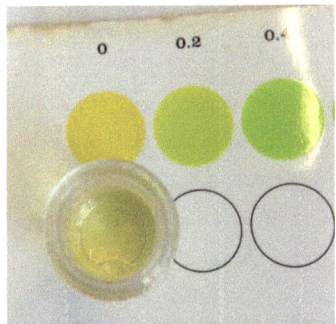 

Abb. 26: Ammoniumtest mit Erde aus 20 - 30 cm Tiefe, mit schlammiger Erde

Die Ammoniumkonzentration der Erde aus 20 - 30 cm Tiefe liegt bei 0 mg/l, die der schlammigen Erde hingegen bei etwa 0,2 mg/l. Dieses Ergebnis ist leicht zu erklären, denn eine hohe Ammoniumkonzentration lässt sich unter anderem auf landwirtschaftliche Nutzung zurückführen, was rund um den Torgelower See der Fall ist. Diese Ammoniumionen werden dann durch den Abfluss in den See geleitet, daher die höhere Konzentration in der schlammigen Erde nahe des Abflusses.

Danach widmeten wir uns der Untersuchung des Nitratwertes: hierbei gaben wir zwei feste Reagenzien mithilfe der dafür vorgesehenen Messlöffel zu den Filtraten und erhielten nach kurzem Warten folgendes Ergebnis:

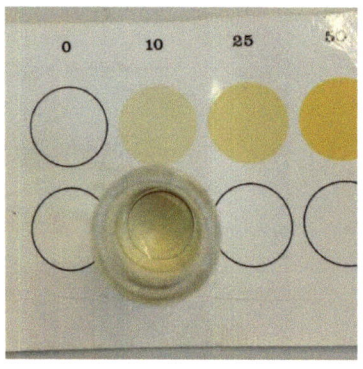
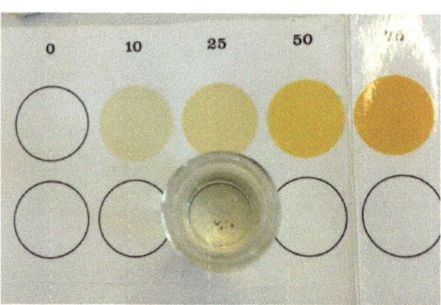

Abb. 27: Nitrattest mit Erde aus 20 - 30 cm Tiefe, mit schlammiger Erde

Das auf diesen Abbildungen durch den unterschiedlichen Lichteinfall schwierig zu erkennende Ergebnis war, das die aus 20 - 30 cm Tiefe stammende Erde einen mit 10 mg/l kleineren Nitratwert, als die schlammige Erde, welche einen Wert von 25 mg/l hat, aufweist.

Nitrat entsteht durch die von Bakterien beeinflusste Oxidation von Ammonium, dies kann zum Beispiel den Sauerstoffgehalt des Sees stark belasten, allerdings sind die Werte hier noch im mittleren Bereich, die Konzentration in der schlammigen Erde ist allerdings wieder etwas höher, da natürlich auch mehr Ammonium oxidiert werden kann (siehe Ammoniumtest). Grundsätzlich kann man sagen, dass dieses Ergebnis nicht beunruhigend ist, da der Wert von 25 mg/l direkt an dem Abfluss vorzufinden ist, gelangt das Wasser in den See, findet eine Verdünnung zu einem niedrigeren Wert statt.

Zum Schluss stand dann noch die Bestimmung der Nitritwerte im Mittelpunkt: Für die Bestimmung dieser gaben wir lediglich je zwei Messlöffel einer Reagenz zu den Filtraten. Auch hier zeichnete sich nach einigen Minuten ein Ergebnis ab:

Abb. 28: Nitrittest mit Erde aus 20 - 30 cm Tiefe

Der Nitrattest mit dem Filtrat der Erde aus 20 - 30 cm Tiefe ergab einen Wert von etwa 0,1 mg/l. Der Wert des Filtrats der schlammigen Erde konnte nicht einfach so leicht abgelesen werden, er lag etwa bei 0,2 mg/l, ein Wert, für den es keinen Kontrollwert gab. Der Farbgebung nach zu urteilen, handelte es sich allerdings um einen recht mittig zwischen 0,1 mg/l und 0,3 mg/l liegenden Wert, diese Erkenntnis ließ sich jedoch nicht gut fotografisch festhalten.

Zusammenfassend kann man sagen, dass alle Konzentrationen bei der schlammigen, durch das Abflusswasser geprägten Erde höher waren, als bei der aus 20 - 30 cm Tiefe entnommenen Bodenprobe. Somit lässt sich festhalten, dass der Stickstoffgehalt der schlammigen Erde höher ist.

3.1.7 Absorption von Methylblau durch den Boden

In einem weiteren Experiment konnten wir den Nachweis erbringen, dass die Farbe des Methylblau von der Erde absorbiert wird. Zur Durchführung des Versuches benötigten wir: einen Reagenzglasständer, Reagenzgläser, Trichter, Filterpapier, destilliertes Wasser, eine Plastikspritze und Methylblau mit Löffler zur Dosierung.

Zur Durchführung des Versuches füllten wir ein Reagenzglas mit destilliertem Wasser und gaben einige Tropfen Methylblau hinzu. Durch Schütteln des Reagenzglases kam es zur gleichmäßigen Verteilung der Farbe.

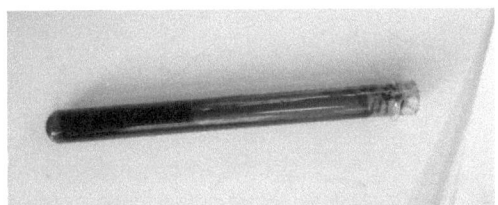

Abb. 29: Reagenzglas mit Wasser-Methylblau-Mischung

Wie auf der Abbildung zu erkennen, war die so entstandene Wasser-Methylblau-Mischung in einem kräftigen Dunkelblau gefärbt. Nun haben wir einen Trichter in ein noch leeres Reagenzglas gesteckt. Der Trichter wurde mit einem Filterpapier ausgelegt und danach mit unserer Erdprobe gefüllt. Die Probe entstammte abermals aus 20 - 30 cm Tiefe wie auf Abb. 12 kenntlich gemacht. Die verdünnte Methylblaumischung gossen wir auf die Erdprobe und das dabei entstandene Filtrat sammelte sich im Reagenzglas.

Abb. 30: Beim Nachweis entstandenes Filtrat

Wie die Abbildung zeigt, wurde das Methylblau zu einem großen Teil vom Erdboden absorbiert, weswegen sich der Blauton aufhellte. Das Filtrat hatte somit nur noch einen blauen Schimmer.

Aus dem Experiment kann man schlussfolgern, dass die Erde auch gut Nährstoffe aufnimmt und speichert. Das Methylblau diente in diesem Versuch der Veranschaulichung der Absorptionskraft der Erde gegenüber chemischen Verbindungen.

3.2 Licht

Den Lichteinfall an unserer Versuchsstelle haben wir am 19.09.2014, in der Biologiestunde, um 11:20 Uhr, gemessen. An diesem spätsommerlichen Tag war keine Wolke am Himmel zu sehen und die Sonne schien durchgehend und ungehindert. Deshalb stehen die gemessenen Werte in sonnigen und schattigen Bereichen in großem Abstand zueinander.

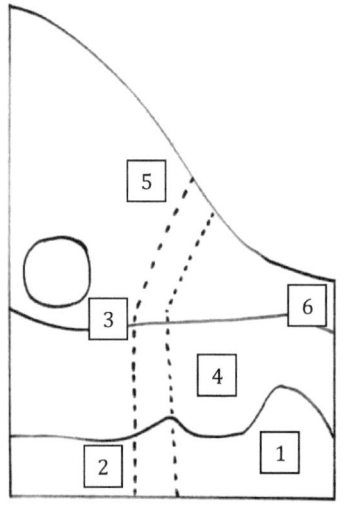 

Abb. 31: Skizze mit Messstellen des Lichteinfalls, Foto mit Sonnen- und Schattenbereichen

Messung 1 nahmen wir im Gebüsch vor, die Lichtintensität betrug dabei 0,226 kLux. Der Wert der zweiten Messung, welche wir oberhalb des Abflusses, aber auch im Busch vornahmen, war noch geringer, er betrug lediglich 0,142 kLux. Dies ist ganz einfach zu erklären, denn das Gestrüpp ist hier noch dichter und somit ein noch geringerer Lichteinfall möglich.

Die dritte Messung erfolgte dann in der näheren Umgebung der zentral gelegenen Grauerle. Der dort messbare Lichteinfall betrug 3,78 kLux. Im Gegensatz dazu, konnten wir am vierten Messpunkt eine Lichtintensität von 2,43 kLux messen. Zu begründen ist dieser Unterschied mit dem Fakt, dass Punkt 4 während der Messung den Übergang von Schatten- und Sonnenzone darstellte und somit ein geringerer Wert, als in dem in der Sonne liegenden Punkt 3 festzustellen ist.

Zum Schluss betrachteten wir noch zwei weitere Stellen in dem auf der Seeseite unserer Versuchsstelle befindlichen kleinen Gebüsch. Dabei nahmen wir zum einen Messung 5 in diesem Gebüsch vor, welche 0,983 kLux betrug und eine am Rande dieses Gebüschs, Messpunkt 6, welcher zum Messzeitpunkt in der Sonne lag und deshalb einen deutlich höheren Wert von 3,21 kLux ergab.

Abschließend kann man sagen, dass diese Erkenntnisse wenig überraschend waren, in schattigen Bereichen lagen die Messwerte stets unter 1 kLux, in reinen Sonnengebieten hingegen über 3 kLux. Einen mittleren Wert stellt dabei Messwert 4 dar, welcher in gemischtem Lichteinfall war.

3.3 Wasser

Neben der Untersuchung des Abflusswassers widmeten wir uns in diesem Abschnitt unserer Arbeit auch dem Nässegrad des Bodens und der Luftfeuchtigkeit.

Zunächst untersuchten wir den pH-Wert des aus dem Abfluss austretenden Wassers. Die Vorgangsweise, die Ergebnisse sowie Auswertung dieses Versuches ist ausführlich in Kapitel 3.1.2 pH-Wert beschrieben.

Der Abfluss beeinflusst jedoch auch den Boden in der näheren Umgebung ganz wesentlich, da dieser ständig gut durchnässt ist (siehe Abb. 32). Dieser Effekt wird durch den angrenzenden See ganz wesentlich unterstützt und noch vermehrt. Das Ergebnis dessen ist eine üppig florierende Pflanzenlandschaft am Seeufer, denn ein durchnässter Boden ist für Pflanzen leicht zu durchwurzeln und sehr nährstoffreich.

Abb. 32: Abfluss

Die Luftfeuchtigkeit ist aus verschiedenen Gründen verhältnismäßig hoch: Zunächst einmal ist auch hier der See zu erwähnen. Auch die Klimazone der gemäßigten Breiten sowie die zum Zeitpunkt des Projektes vorherrschende Jahreszeit des Herbstes sind für eine hohe Luftfeuchtigkeit mitentscheidend. Da es die letzten Tage bevor wir dies beobachteten recht stark geregnet hatte, wurde die hohe Luftfeuchtigkeit davon noch weiter unterstützt. Auch eine hohe Luftfeuchtigkeit trägt dazu bei, dass sich die Flora gut entwickelt und es ein reichhaltiges Pflanzenangebot gibt.

3.4 Wind

Die Messung der Windstärke nahmen wir am Freitag, dem 19.09.2014 vor, an einem Tag, an dem es laut nachträglichem Wetterbericht (wetter.com, Aufruf am 28.09.2014) nur wenig Wind gab, auf. Der Wetterbericht verweist hier auf etwa 6 km/h, wir konnten unserem Windmesser jedoch lediglich 2 km/h nachweisen. Dies lässt sich wie folgt begründen: Die von uns zur Untersuchung angeordnete Stelle liegt sehr geschützt, wie auf den folgenden Abbildungen zu sehen:

Abb. 33: Lage des Versuchsstandortes

Auf dem ersten Bild ist gut zu erkennen, wie die Versuchsstelle (mittig links im Bild gelegen) umgeben von Mensa und Schloss des Privaten Internatsgymnasiums Schloss Torgelows liegt. Auch ist sie am Fuße eines Hanges gelegen. Diese Faktoren tragen dazu bei, dass der Wind abgeschwächt wird.

Betrachtet man die zweite Abbildung, auf der die Versuchsstelle nochmals näher dargestellt ist, erkennt man nun deutlich, warum wir lediglich ein Drittel des sonst vorherrschenden Windes messen konnten. Durch das direkt angrenzende bis zu 5 Metern hohe Gebüsch und die etwa 3 Meter hohe Mauer liegt sie in windgeschützter Umgebung.

3.5 Temperatur

Das kleine Dorf Torgelow am See befindet sich in der gemäßigten Klimazone. Unsere Untersuchungen fanden fast ausschließlich im September, also im Herbst statt. Typisch für diese Jahreszeit ist das feuchte Klima, hervorgerufen durch einen häufigen Regenfall. In Torgelow ist das Wetter zudem durch den See beeinflusst. Das Klima ist aufgrund dieses Wasserreservoirs zusätzlich feuchter als andernorts (siehe 3.3). Zudem ist eine Abkühlung der Temperatur typisch für den Herbst.

Das folgende Temperaturdiagramm zeigt Messungen aus der nur wenige Kilometer entfernten Stadt Waren. Die kleine Stadt befindet sich direkt an der Müritz, womit ihr Klima auch durch ein Gewässer beeinflusst ist und ihre Klimadiagramme mit denen Torgelows vergleichbar sind.

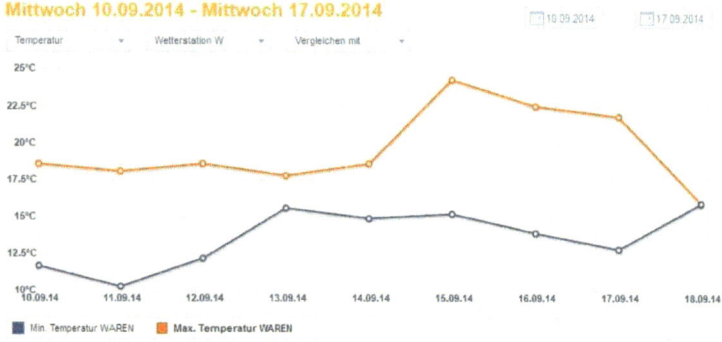

Abb. 34: Temperatur in der nahegelegenen Stadt Waren

Der Boden unseres Versuchsstandortes wärmt sich aufgrund seiner dunklen braun-schwarzen Färbung schnell auf. Zudem wird die Wärme durch ihm über einen relativ langen Zeitraum gespeichert. Dies hat sich dadurch gezeigt, dass auch nach dem Abfallen der Lufttemperatur die Bodentemperatur verhältnismäßig konstant blieb. So haben wir am 23.09.2014 mittags um 12.30 Uhr eine Lufttemperatur von 16 °C gemessen. Die Bodentemperatur zu diesem Zeitpunkt betrug 15,6 °C. Die kühlere Temperatur des Bodens ist auf das kältere Wetter vom Vortag zurückzuführen. Abends um 20 Uhr haben wir noch einmal die Temperaturen gemessen. Während die Lufttemperatur auf 9 °C abgefallen war betrug die Bodentemperatur 15,2 °C. Hierdurch wird deutlich, dass der Boden die Wärme hervorragend speichert. Diesen Versuch führten wir insgesamt dreimal an verschiedenen Tagen durch, um uns unserer Ergebnisse sicher zu sein.

Des Weiteren ist das Versuchsgebiet von seiner Lage her geschützt, weswegen es kaum anfällig für starken Wind ist (siehe Kapitel 3.4). Gravierende Temperaturschwankungen in einem kurzen Zeitraum traten nicht auf, da die Büsche und das Gestrüpp die Wärme am Boden halten und der Boden die Wärme speichert.

Die klimatischen Verhältnisse zum Zeitpunkt unserer Untersuchungen sind für diese Jahreszeit als völlig normal zu werten. Die Niederschlagsmenge im September betrug insgesamt etwa 80 mm. Das Temperaturmaximun betrug 24 °C, während das Temperaturminimum bei 5 °C lag.

Abb. 35: Temperaturverlauf vom 22.09 bis 29.09.2014 in Torgelow am See

Abb. 36: Temperatur – und Niederschlagsverlauf vom 01.10. bis 07.10.2014 in Torgelow am See

3.6 Anthropogene Einflüsse

Es war für uns erschreckend festzustellen, wie viele anthropogene Einflüsse an diesem vermeintlich so abgeschiedenen Ort vorzufinden waren. Als weniger schlimm stellte sich dabei die folgende Entdeckung heraus: Um der ungewollten Verwilderung entgegenzuwirken, wurde hier ein Ast der zentral liegende Grauerle entfernt (siehe Abb. 37). Auch an einer anderen Stelle, weiter von der Seemauer entfernt, war ein abgetrennter, noch verwurzelter Baumstumpft vorzufinden.

Abb. 37: Baumstümpfe als Folge anthropogener Einflüsse

Auch der künstlich angelegte Abfluss, mit dem dazugehörigen, aus der Erde ragenden Rohr, ist von Menschenhand angelegt worden, stellt allerdings keinen größeren schädlichen anthropogenen Eingriff in das Ökosystem dar und ist deshalb hier nur am Rande zu erwähnen (siehe Abb. 38).

Abb. 38: Abfluss

Schockierender waren allerdings die auf diesem kleinen Arial in - unserer Ansicht nach - viel zu großer Mengenzahl vorkommenden Müllablagerungen.

So fanden wir zum Beispiel einen, auf der folgenden Abbildung sichtbaren, gelben Sack. Ein skurriler Fund, zumal der zu untersuchende Bereich, wie bereits zuvor erwähnt sonst schwer zugänglich und deshalb eher naturbelassen ist.

Abb. 39: Müll durch anthropogene Einflüsse

Doch wir fanden außerdem auf dieser kleinen Fläche von etwa 20 m^2 auch noch mehrere Papierteile, für die stellvertretend Abbildung 40 stehen soll und einen Tetrapack; die Herkunft dieses gesamten Mülls ist uns nicht ersichtlich und bleibt somit offen.

Abb. 40: Müll durch anthropogene Einflüsse

4 Allgemeines Fazit

Die Ergebnisse unserer Experimente führten dazu, dass wir nachvollziehen konnten, warum die zuvor bestimmten im Versuchsareal vorkommenden Pflanzen dort wachsen.

Zeigerpflanzen bestätigten unsere Ergebnisse in Bezug auf den Stickstoffgehalt des Bodens, die Nährstoffe sowie die Bodenart. Auch vorkommende Tierarten sind direkt auf abiotische Faktoren zurückzuführen; so stellten wir am Anfang unserer Arbeit dar, dass die Streckerspinne beispielsweise in feuchten Gebieten vorkommt, was sich durch den angrenzenden Torgelower See natürlich gut nachvollziehen lässt. Aber auch andere abiotische Faktoren beeinflussen biotische Faktoren: der z.B. in unserem Versuchsraum nur in geringer Intensität vorherrschende Wind ermöglicht zusammen mit der geschützten Lage ein gemäßigtes klimatisches Lebensumfeld. Hier ist auch der hohe angrenzende Bewuchs anzuführen, denn dieser verhindert einen übermäßigen Lichteinfall. Durch diesen Faktor bleibt der Lebensraum bzw. die Erde in diesem Lebensraum immer gut durchnässt. Dies verstärkt sich wiederum durch den Abfluss. Ein gut durchnässter Boden, wie er in der Regel am Rande eines Sees vorzufinden ist, ist von Pflanzen leicht zu durchwurzeln und von Tieren gut zu bewohnen. Nicht zuletzt durch das hohe Nährstoffangebot stellt das von uns untersuchte Ökosystem einen angenehmen Lebensraum dar.

Flora und Fauna beeinflussen sich gegenseitig. So ist u.a. das Vorkommen zahlreichen Insekten durch das breite Pflanzenspektrum abgesichert. Insgesamt lässt sich an dieser Stelle festhalten, dass die wechselseitige Beeinflussung von abiotischen und biotischen Faktoren nicht nur in unserem Ökosystem und unserer Beobachtung von essenziellster Bedeutung ist. Dieses Zusammenspiel ist in der Natur ein einzigartiges Phänomen, ohne dass ein jegliches Leben auf der Erde, egal ob das nun die Pflanzen- oder Tierwelt betrifft, nicht möglich.

5 Anhang

5.1 Quellenverzeichnis

Literaturquellen

Kosmos Naturführer: Was blüht denn da? - D. Aichele/ M. Golte-Bechtle; Franckh-Kosmos Verlags-GmbH und Co.

Pflanzen der Heimat - Gertrud Kummer/ Manfred Neubauer/ Ute Püschel/ ErwinZabel , Volk und Wissen Verlag

Internetquellen

https://www.wuppertal.de/rathaus-buergerservice/medien/dokumente/Teil3_VE10_Humus.pdf (Zugriff am 28.09.2014)

http://de.wikipedia.org/wiki/Gartenkreuzspinne (Zugriff am 12.10.2014)

http://de.wikipedia.org/wiki/Wolfspinnen (Zugriff am 12.10. 2014)

http://de.wikipedia.org/wiki/Zitterspinnen (Zugriff am 12.10.2014)

http://de.wikipedia.org/wiki/Gemeine_Streckerspinne (Zugriff am 12.10.2014)

http://de.wikipedia.org/wiki/Braune_Wegschnecke (Zugriff am 12.10.2014)

http://de.wikipedia.org/wiki/Bernsteinschnecken (Zugriff am 12.10.2014)

http://www.spektrum.de/lexikon/biologie/glanzkaefer/28148 (Zugriff am 12.10.2014)

http://de.wikipedia.org/wiki/Tauwurm (Zugriff am 12.10.2014)

http://de.wikipedia.org/wiki/Schnirkelschnecken (Zugriff am 12.10.2014)

http://www.biologie-schule.de/ahorn-steckbrief.php (Zugriff am 12.10.2014)

http://de.wikipedia.org/wiki/Birken (Zugriff am 12.10.2014)

http://de.wikipedia.org/wiki/Eingriffeliger_Wei%C3%9Fdorn (Zugriff am 12.10.2014)

http://de.wikipedia.org/wiki/Gemeine_Esche; (Zugriff am 12.10.2014)

http://de.wikipedia.org/wiki/Holunder (Zugriff am 12.10.2014)

http://de.wikipedia.org/wiki/Storchschn%C3%A4bel (Zugriff am 12.10.2014)

http://de.wikipedia.org/wiki/Gew%C3%B6hnliches_Seifenkraut (Zugriff am 12.10.2014) http://de.wikipedia.org/wiki/Milzkr%C3%A4uter (Zugriff am 12.10.2014)

http://de.wikipedia.org/wiki/Huminstoff#Anteil_in_B.C3.B6den (Zugriff am 30.09.2014)

http://www.geowiss.uni-hamburg.de/i-boden/publrel/Miehlich_Humus_im_Boden.pdf
(Zugriff am 30.09.2014)

http://www.bio-gaertner.de/Verschiedenes/Bodenarten-und-pH-Wert (Zugriff am
29.09.2014)

http://de.wikipedia.org/wiki/Grau-Erle#.C3.96kologie (Zugriff am 06.10.2014)

5.2 Abbildungsverzeichnis

http://de.wikipedia.org/wiki/Wolfspinnen#mediaviewer/File:Arctosa_sp.jpg (Zugriff
am 12.10.2014); Abb. : Wolfsspinne

http://de.wikipedia.org/wiki/Zitterspinnen#mediaviewer/File:Pholcidae_spec.jpg
(Zugriff am 12.10.2014); Abb. : Zitterspinne

http://de.wikipedia.org/wiki/Gemeine_Streckerspinne#mediaviewer/File:Tetragnat
ha.extensa.female.jpg (Zugriff am 12.10.2014); Abb. : Gemeine Streckerspinne

http://www.natur-lexikon.com/Texte/MZ/001/00065-Maulwurf/MZ00065-
Maulwurf.html (Zugriff am 12.10.2014); Abb. : Europäischer Maulwurf

http://www.haz.de/Nachrichten/Wissen/Uebersicht/Schneckenflut-in-
Deutschlands-Gaerten (Zugriff am 12.10.2014); Abb. : Braune Wegschnecke

http://www.fotocommunity.de/pc/pc/display/14339008 (Zugriff am 12.10.2014);
Abb. : Glanzkäfer

http://www.geowiss.uni-hamburg.de/i-boden/publrel/Miehlich_Humus_im_Boden
.pdf (Zugriff am 28.09.2014); Abb. : Eigenschaften der Huminstoffe; Wirkung von
Humus auf das Ökosystem

http://www.seilnacht.com/Lexikon/pH-Wert.htm (Zugriff am 29.09.2014); Abb. :
Auswertung des pH-Wertes

http://www.bio-gaertner.de/Verschiedenes/Bodenarten-und-pH-Wert (Zugriff am
29.09.2014); Abb. : Nährstoffverfügbarkeit in Abhängigkeit des pH-Wertes;
Anzustrebende pH-Werte verschiedener Bodenarten